ECONOMÍA VERSUS POLÍTICA

DARON ACEMOGLU
Y JAMES A. ROBINSON

ECONOMÍA
VERSUS POLÍTICA

PELIGROS DE LAS MEDIDAS
QUE LOS ECONOMISTAS
ACONSEJAN A LOS POLÍTICOS

Traducción de
Carlos Fernández Muñoz

PÁGINA INDÓMITA

Título original:
Economics versus Politics:
Pitfalls of Policy Advice

© American Economic Association, 2013,
publicado mediante acuerdo con *Journal of Economic Perspectives*
© de la traducción, Carlos Fernández Muñoz, 2025
© de la presente edición, PÁGINA INDÓMITA, S.L.U.
Providencia 114 bis, 4° 4ª. 08024 Barcelona
www.paginaindomita.com

Diseño de cubierta y composición: Ángel Uzkiano
Imagen de cubierta: Manifestación de los trabajadores
de Pereslavl contra las reformas económicas de Borís Yeltsin,
7 de octubre de 1998 (fotografía de Ю. Н. Частов)
Impresión y encuadernación: Romanyà Valls
Primera edición: marzo de 2025

ISBN: 978-84-128187-9-6
Depósito legal: C-1958-2024

ÍNDICE

NOTA A LA PRESENTE EDICIÓN

El texto incluido en el presente volumen vio la luz originalmente en *Journal of Economic Perspectives*, Vol. 27, n.º 2, primavera de 2013, pp. 173-192, publicado por la American Economic Association.

Agradecemos a Heidi L. Williams, editora de la publicación y profesora de Economía en el Dartmouth College, el permiso para llevar a cabo la presente edición.

ECONOMÍA VERSUS POLÍTICA

INTRODUCCIÓN

En economía, el enfoque fundamental de la prescripción de políticas se deriva del reconocimiento de que la presencia de fallos del mercado —como externalidades, bienes públicos, monopolios y competencia imperfecta— deja margen para intervenciones públicas bien diseñadas que mejoren el bienestar social. Esta tradición, ya clara en Arthur Pigou *(Riqueza y bienestar,* 1912),[1] fue elaborada por Paul A. Samuelson en *Fundamentos del análisis económico* (1947),[2] y sigue constituyendo hoy la base de la mayoría de los consejos que los economistas ofrecen a los políticos. Por ejemplo, en la década de 1950, los primeros economistas del desarrollo usaron ideas inspiradas en el fracaso del mercado como base intelectual con la que defender la necesidad de in-

1. A. C. Pigou, *Wealth and Welfare*, Macmillan, Londres, 1912.
2. P. A. Samuelson, *Foundations of Economic Analysis*, Harvard University Press, Cambridge, 1947.

tervención gubernamental para promover el desarrollo en los países pobres.[3] Y aunque la creencia en la capacidad de los gobiernos o en la eficacia de las ayudas ha sufrido altibajos, los enfoques actuales de los problemas de desarrollo tienen mucho en común con esta tradición inicial, si bien se han vuelto más sofisticados —tienen en cuenta las cuestiones relativas a la teoría de la segunda opción,[4] por ejemplo incorporando explícitamente las fricciones informativas en el diseño de políticas;[5] destacan que las medidas económicas adecuadas son especí-

3. Véase T. Killick, *Development Economics in Action*, Heinemann Educational Books, Londres, 1978.

4. Formulada por los economistas R. Lipsey y K. Lancaster en la década de 1950, dicha teoría aborda situaciones en las que no pueden darse las condiciones óptimas para alcanzar la eficiencia económica. En economía, el escenario «óptimo» supone condiciones perfectas —como la información completa y la ausencia de fallos del mercado— en las que los recursos se asignan de forma eficiente. Cuando una o más condiciones óptimas no pueden alcanzarse, la mencionada teoría sugiere que la mejor opción, en lugar de abordar ese fallo del mercado sin abordar otros, puede consistir en ajustar otras condiciones de una forma que podría parecer contraintuitiva. El lector no especializado lo entenderá mejor a medida que este ensayo avance y los autores vuelvan en repetidas ocasiones sobre la teoría en cuestión, relacionándola con el marco que ellos proponen aquí, y diferenciándola del mismo. *(N. del E.)*

5. Véase, por ejemplo, R. M. Townsend, *Financial Systems in Developing Economies: Growth, Inequality and Policy Evaluation in Thailand*, Oxford University Press, Oxford, 2011.

ficas de cada contexto,[6] y hacen hincapié en el papel de los métodos empíricos rigurosos para determinar qué tipo de intervenciones pueden ser eficaces—.[7] Pero en todos estos enfoques la política está en gran medida ausente del escenario.

Esta desatención a la política suele justificarse —implícita o explícitamente— de una de las siguientes tres maneras.

La primera consiste en sostener que los políticos están (o se ven inducidos a estar) básicamente interesados en promover el bienestar social; porque, por ejemplo, la adopción de medidas socialmente eficientes es lo que ayuda a tales políticos a mantenerse en el poder o ser reelegidos —así se contempla el asunto en los modelos propuestos por Donald Wittman y por Casey Mulligan y Kevin Tsui.[8]

6. Por ejemplo, D. Rodrik, *One Economics, Many Recipes: Globalization, Institutions, and Economic Growth*, Princeton University Press, Princeton, 2007.

7. Por ejemplo, A. V. Banerjee y E. Duflo, *Poor Economics: A Radical Rethinking of the Way to Fight Global Poverty*, Public Affairs Press, Nueva York, 2011.

8. D. Wittman, «Why Democracies are Efficient», *Journal of Political Economy*, 97(6), 1989, 1395-1424; *id., The Myth of Democratic Failure: Why Political Institutions Are Efficient*, University of Chicago Press, Chicago, 1995; C. B. Mulligan y K. K. Tsui, «Political Competitiveness», *NBER Working Paper 12653*, 2006.

La segunda consiste en contemplar la política como un factor aleatorio, que tan solo crea obstáculos potencialmente graves pero no sistemáticos para la formulación de medidas económicas —así se ve el asunto, por ejemplo, en *El fin de la pobreza*, de Jeffrey Sachs,[9] o en el argumento de Abhijit Banerjee de que las medidas económicas del dictador liberiano Samuel Kanyon Doe fueron desastrosas porque este no entendía «lo que implicaba ser presidente».[10]

La tercera justificación reconoce que la economía política importa, pero sostiene que «la buena economía es buena política», lo que significa que las buenas medidas económicas necesariamente relajan las restricciones políticas.[11] La conclusión es la misma que la de los dos primeros puntos de vista: podemos apoyar firmemente las buenas medidas económicas, con la seguridad de que no solo resolverán los fallos del mercado,

9. J. D. Sachs, *End of Poverty: Economic Possibilities for Our Time*, Penguin Press, Nueva York, 2005.

10. A. V. Banerjee, «Poor Economics: Effective Poverty Reduction Policies», Kapuscinsky Development Lecture, 2012, http://kapuscinskilectures.eu/lectures/poor-economics/.

11. Véanse, por ejemplo, M. Boycko, A. Shleifer y R. W. Vishny, *Privatizing Russia*, MIT Press, Cambridge (Mass.), 1995; A. V. Banerjee y E. Duflo, *Poor Economics, op. cit.*, en particular p. 261; J. D. Sachs *et al.*, «Ending Africa's Poverty Trap», *Brookings Papers on Economic Activity*, 35(1), 2004, 117-240.

sino que liberarán fuerzas políticas beneficiosas —sean estas cuales sean.

En este ensayo sostenemos no solo que el asesoramiento económico ignora a su cuenta y riesgo la política, sino también que existen fuerzas sistemáticas que a veces convierten la buena economía en mala política, y que esta última, desgraciadamente, prevalece a menudo sobre el bien económico. Por supuesto, no pretendemos afirmar que el asesoramiento económico deba rehuir la identificación de los fallos del mercado y las soluciones creativas a los mismos, ni buscamos predisponer en contra de la buena política económica. Más bien argumentamos que el análisis económico debe identificar, teórica y empíricamente, las condiciones en las que la política y la economía entran en conflicto, y después evaluar las propuestas de medidas teniendo en cuenta este conflicto y sus posibles repercusiones.

Nuestro argumento básico es sencillo: el equilibrio político existente en determinado lugar puede no ser independiente del fallo del mercado; de hecho, es posible que dependa críticamente de él. Ante un sindicato que ejerce un poder monopolístico y aumenta los salarios de sus afiliados, muchos economistas abogarían por eliminar o limitar la capacidad del sindicato para ejercer tal poder, y esta es sin duda la política correcta en algunas circunstancias. Pero los sindicatos no solo influyen en el funcionamiento del mercado laboral, sino que además tienen importantes consecuencias para el sistema político. Históricamente, han desempeñado un papel clave en la creación de la democracia en muchas partes del mundo, sobre todo en Europa Occidental; han fundado, financiado y apoyado a partidos políticos, como el Partido Laborista del Reino Unido o los partidos socialdemócratas de Escandinavia, que han tenido grandes efectos en las políticas públicas y en el alcance de la fiscalidad y la redistribución de los ingresos, a menudo equilibrando el poder político ejercido por los intereses empresariales establecidos y las élites políticas. Dado que los salarios más altos que los sindicatos generan para sus miembros son una de las principales razones por las que la gente se afilia a ellos, es probable que la reducción de su fuerza fomente la desindicalización. Pero esto, al fortalecer más aún a los grupos e intereses que ya eran dominantes en la sociedad, también puede cambiar el equilibrio político en una dirección que implique mayores pérdidas de eficiencia. Y este caso ilustra una conclusión más general, que constituye el núcleo de nuestra argumentación: incluso cuando es posible hacerlo, eliminar un fallo del mercado no necesariamente mejora la asignación de recursos, debido al efecto que ello tendrá sobre los equilibrios políticos futuros. Para saber si es probable tal mejoría, hay que analizar las consecuencias políticas de una medida; no basta con centrarse en los costes y beneficios económicos.

Para desarrollar esta argumentación de forma más completa, ofrecemos un sencillo marco teórico que arroja luz sobre los vínculos entre las medidas económicas y el equilibrio político. Subrayamos por qué, en presencia de consideraciones de economía política, el análisis económico de costes y beneficios no es suficiente; además, en contraste con el razonamiento estándar de la teoría de la segunda opción, orientamos sobre qué eliminaciones de fallos del mercado es más probable que tengan efectos nocivos en el equilibrio político. Hacemos énfasis en que las medidas económicas que refuerzan a los grupos ya dominantes en la sociedad —y que debilitan a sus contrapesos políticos— son las que deben estudiarse de forma más holística, combinando la política con la economía, para evitar importantes consecuencias políticas no deseadas.

Después analizamos tres amplios mecanismos que generan situaciones en las que una buena medida económica puede constituir una mala política. En primer lugar, las rentas económicas actuales pueden afectar a los equilibrios políticos: las medidas que tratan de abordar los fallos del mercado pueden reducir las rentas económicas de determinados grupos y, por lo tanto, tener consecuencias políticas no deseadas; sobre todo cuando las rentas que se ven mermadas son las de grupos que ya son débiles, lo cual inclina aún más la balanza de poder en la sociedad. En segundo lugar, incluso en ausencia de cambios en las rentas, la distribución de los ingresos puede afectar al equilibrio político, lo que implica que, por una razón adicional, política, no pueden ignorarse los efectos distributivos de las medidas que mejoran la eficiencia económica. Aquí, una vez más, las medidas que conducen a un aumento adicional de la desigualdad son las que probablemente tendrán consecuencias políticas contraproducentes. En tercer lugar, los límites de la compatibilidad de los incentivos políticos —que determinan qué intereses debe satisfacer un político para permanecer en el poder— pueden ser transgredidos como resultado de la eliminación de los fallos del mercado, lo cual generará una reacción política. En cada caso, ofrecemos algunos ejemplos para mostrar los mecanismos en acción.

Nuestros procedimientos son principalmente ilustrativos. El propósito es mostrar que las cuestiones destacadas por nuestro marco afloran en una serie de importantes episodios históricos y actuales, y que tales cuestiones son compatibles con un enfoque de economía política básica —sobre todo en lo que atañe al establecimiento de un vínculo entre las medidas económicas que mejoran la posición de los grupos e intereses ya dominantes en la sociedad, por un lado, y las contraproducentes consecuencias políticas de ello, por otro—. Es necesario un análisis empírico y teórico más sistemático de estas cuestiones para descubrir las principales regularidades y lecciones, para enriquecer nuestra visión de cómo interactúan la economía y la política, y para delimitar las circunstancias, si las hay, en las que los economistas pueden seguir abstrayéndose de la política.

I
UN MARCO TEÓRICO

Para ayudar a clarificar estas ideas y organizar la discusión de los mecanismos en la siguiente sección, consideremos un modelo de dos periodos. Supongamos que hay que elegir una política económica en ambos periodos y que no existen vínculos económicos entre ellos. Además, supongamos que en el primer periodo los políticos tienen cierta libertad de elección de las medidas —en cierto sentido, hay una oportunidad de que tales medidas no estén completamente determinadas por los intereses creados o los cálculos políticos—. Esta elección de las medidas puede además verse influida por el asesoramiento de los economistas —un asesoramiento cuyo objetivo es, por ejemplo, corregir un fallo del mercado—. En el segundo periodo, las medidas se determinarán en un equilibrio político.

Centrémonos primero en el mundo de la economía sin política, en el que no hay vínculo político (o económico) entre los dos periodos.[1] En un mundo así, es posible elegir las medidas del primer periodo sin preocuparse por el equilibrio político del segundo periodo. Sin embargo, la realidad es que las medidas elegidas en el primer periodo suelen reforzar a algunos grupos y debilitar a otros, por lo que es probable que afecten al equilibrio político del segundo periodo. A su vez, el equilibrio político determinará las decisiones que se tomen en este segundo periodo. Por lo tanto, el objetivo del responsable de las medidas destinadas a maximizar el bienestar, así como el objetivo del consejo dado por los economistas, no debería ser solo resolver los fallos del mercado hoy, sino también tener en cuenta las ramificaciones políticas posteriores de esta elección realizada en el primer periodo.[2]

1. Matemáticamente, en el mundo de la economía sin política, las medidas en los dos periodos, x_1 y x_2, se eligen independientemente para maximizar el bienestar $\Sigma_{t=1}^{2} W_t(x_t)$. Aquí W_t expresa el bienestar social en el periodo t. En este caso, la medida o consejo que maximiza el bienestar social en el primer periodo sería x_1^{SW} tal que $W_1'(x_1^{SW})=0$.

2. Matemáticamente, podemos pensar que las medidas del segundo periodo se determinan como $x_2 = \xi(p_2)$, donde p_2 es un índice de la distribución del poder político en tal periodo. Esta distribución del poder político está ella misma determinada en parte por las políticas económicas actuales, que pueden resumirse mediante una función π, de modo que $p_2 = \pi(x_1)$. En contraste con la situación de la nota al pie previa, en este mundo, donde las medidas económicas

El argumento, hasta aquí, es similar a una versión política de la teoría de la segunda opción, de K. Lancaster y R. G. Lipsey, y de la famosa advertencia que conlleva para el análisis de las medidas económicas.[3] Pero a menudo se puede decir más. Gran parte de los análisis de economía política destacan el papel que el equilibrio del poder político desempeña en la sociedad, subrayando en particular: *1)* que el poder económico y el político están vinculados; *2)* que la dominancia política de un reducido grupo de interés o segmento de la sociedad tendrá efectos nocivos.[4] En este sentido, las políticas que

---

y la política futuras son endógenas, la maximización del bienestar social requerirá (suponiendo que exista diferenciabilidad):

$$W'_1(x_1) + W'_2(\xi(\pi(x_1))) \; \frac{d\xi(\pi(x_1))}{dp_2} \; \frac{d\pi(x_1)}{dx_2} = 0.$$

Por lo tanto, a menos que $d\xi/dp_2 = 0$ (de modo que las medidas económicas futuras sean independientes de la política futura) o $d\pi/dx_1 = 0$ (de modo que la política futura sea independiente de las medidas económicas actuales), el segundo término de esta ecuación será distinto de cero, lo cual implica que el objetivo del responsable de la medida destinada a maximizar el bienestar, así como el objetivo del asesoramiento ofrecido por los economistas, no debería ser solo resolver los fallos del mercado hoy, sino tener en cuenta la política.

3. K. Lancaster y R. G. Lipsey, «The General Theory of Second Best», *Review of Economic Studies*, 24(1), 1956, 11-32.

4. Véase, por ejemplo, D. Acemoglu y J. A. Robinson, *Why Nations Fail: The Origins of Power, Prosperity, and Poverty*, Crown, Nueva York, 2012.

refuerzan económicamente a los grupos ya dominantes —o que debilitan a los grupos que actúan como contrapeso de dichos grupos dominantes— son especialmente propensas a inclinar aún más la balanza del poder político y a tener consecuencias no deseadas.[5] Además, las reformas económicas que dejan inalteradas las fuentes políticas e institucionales de las ineficiencias, y que se limitan a abordar algunos de sus síntomas de forma superficial, también corren el riesgo de generar una reacción política al traspasar los «límites de la compatibilidad entre los incentivos políticos» —destruyendo de hecho los equilibrios políticos o coaliciones existentes—.

---

5. Siguiendo con la nota al pie previa, primero habría que ordenar las medidas; por ejemplo, de modo que un valor x más elevado favorezca a los grupos que ya son políticamente poderosos. Con este orden, denotemos las políticas de *statu quo* que se aplicarán sin ninguna intervención como x_1^0 y x_2^0. Supongamos que $x_2^0 > x_2^{sw}$, de modo que el *statu quo* en el futuro ya está sesgado a favor de los políticamente poderosos, y que p_2 aumenta (se mueve a favor de los grupos dominantes) cuando x_1 aumenta. Entonces, cualquier reforma económica que implique $x_1 > x_1^0$ (de modo que favorezca a los políticamente poderosos en relación con el *statu quo* actual) tenderá a aumentar p_2 y a hacer que el equilibrio político en el segundo periodo beneficie más aún a los políticamente poderosos. Esto tiende a conducir a valores aún más altos de x_2 (aumentando así la brecha entre las medidas reales y las socialmente óptimas en el segundo periodo). Nuestro marco sugiere que las consecuencias políticas de este tipo de medidas deberían estudiarse cuidadosamente.

Más adelante mostraremos que este ha sido un problema endémico en África, donde las reformas, en vez de apuntar a los problemas fundamentales de economía política que dan lugar a políticas económicas deficientes, se centran a menudo en un resultado de estos problemas —por ejemplo, una política monetaria o fiscal deficiente.

Por supuesto, el diablo está en los detalles. ¿Cómo pueden afectar las actuales decisiones de política económica a los futuros equilibrios políticos? ¿Cómo afectan los equilibrios políticos al nivel de bienestar que se alcanzará en el futuro? Evidentemente, estos efectos pueden variar según el contexto (por ejemplo, dependiendo de si hay o no democracia), pero aquí argumentaremos que en muchos casos tales efectos parecen estar presentes y tener una importancia de primer orden.

2
LA IMPORTANCIA ORGANIZATIVA
DE LAS RENTAS ECONÓMICAS

Las rentas económicas crean incentivos para organizarse —en particular, para obtener y aprovechar esas rentas o para protegerlas—. Y la existencia de organizaciones tiene consecuencias políticas potencialmente poderosas. Por lo tanto, la eliminación de los fallos del mercado y de las rentas resultantes de ellos cambiará a menudo las inversiones en las organizaciones por parte de ciertos individuos y grupos, y por esa vía influirá en el equilibrio político. Esta intuición sugiere que la formulación de políticas económicas debe tener en cuenta (o al menos estudiar) el impacto que las medidas ejercerán en la organización política de diversos grupos.

RENTAS, SINDICALIZACIÓN Y DEMOCRACIA

Es obvio que, en la mayoría de las situaciones, los sindicatos crean distorsiones económicas al aumentar los

salarios de sus miembros en relación con los emplea-
dos no sindicalizados. También pueden crear otras distorsiones, como la de desalentar a los empleadores de
adoptar ciertas tecnologías y prácticas que mejoran la
eficiencia. Debido a ello, reducir tal poder que los sindicatos tienen de aumentar los salarios es a menudo un
consejo convencional de los economistas. Los contraar-
gumentos basados en la teoría económica suelen refe-
rirse o bien al papel que los sindicatos desempeñan en
la consecución de una distribución más equitativa de los
ingresos —sobre todo mejorando los salarios de los trabajadores peor pagados—, o bien a que las empresas tienen cierto poder monopsónico en la fijación de salarios
y que los sindicatos pueden contrarrestar ese poder.

En el contexto de nuestro marco, el punto clave es
que cualquier medida que reduzca la capacidad de los
sindicatos para luchar por salarios altos (incluso si tal
medida no implica directamente dificultar la organización de dichos sindicatos) reducirá de manera indirecta
la actividad sindical. Al fin y al cabo, muchos trabajadores pueden considerar que afiliarse ya no vale la pena
si el beneficio que obtienen es limitado. En nuestro marco, las medidas adoptadas en el presente afectan a las inversiones organizacionales futuras y, por lo tanto, a la
distribución del poder político —en este caso, el poder
de los sindicatos—. Además, en muchos entornos, a pe-

sar del poder de los sindicatos en el *statu quo*, la balanza de poder ya está inclinada a favor de los grandes empresarios, de modo que el debilitamiento de los mencionados sindicatos podría desequilibrar aún más el poder político en la sociedad y tener costes dinámicos.

Esto se debe a que, como ya hemos señalado, los sindicatos no solo luchan por salarios más altos o intentan influir en la organización interna de las empresas, sino que también han sido muy activos políticamente, de formas que parecen afectar el equilibrio político. Una de las consecuencias más importantes del poder político de dichos sindicatos es el papel que, en todo el mundo, estos han desempeñado en la creación y el sostén de instituciones democráticas —sobre todo en situaciones en las que, de partida, el poder político estaba distribuido de manera muy desigual en un contexto no democrático—. Parte de la literatura reciente sobre los factores que influyen en la creación de la democracia se ha alejado de trabajos anteriores, como el de Barrington Moore, Jr.,[1] que enfatizaba el papel de la clase media o la burguesía, y ha señalado en cambio que a menudo han sido las clases trabajadoras o los segmentos pobres de la so-

---

1. B. Moore, Jr., *The Social Origins of Dictatorship and Democracy: Lord and Peasant in the Making of the Modern World*, Beacon Press, Boston (Mass.), 1966.

ciedad los que han desempeñado un papel decisivo en el surgimiento y el auge de tal democracia.[2] En esta literatura, se sostiene que el hecho de que la clase trabajadora esté organizada o sea capaz de emprender acciones colectivas resulta determinante para sus posibilidades de impulsar un cambio institucional; dado que los sindicatos se dedican a organizar a los trabajadores, tiene sentido que su presencia facilite la acción colectiva que impulse un cambio de régimen. Y muchos estudios de caso e investigaciones econométricas respaldan este énfasis en el conflicto social.[3]

Los casos en que los sindicatos han desempeñado un papel fundamental en la democratización van desde la «primera ola democratizadora» en Europa antes de la

2. Véanse D. Rueschemeyer *et al.*, *Capitalist Development and Democracy*, Cambridge University Press, Cambridge, 1992; R. B. Collier y J. Mahoney, «Adding Collective Actors to Collective Outcomes: Labor and Recent Democratization in South America and Southern Europe», *Comparative Politics* 29(3), 1997, 285-303; D. Acemoglu y J. A. Robinson, «Why Did the West Extend the Franchise? Democracy, Inequality, and Growth in Historical Perspective», *Quarterly Journal of Economics,* 115(4), 2000, 1167-1199; *id.; Economic Origins of Dictatorship and Democracy,* Cambridge University Press, Nueva York, 2006.

3. Por ejemplo, T. S. Aidt y P. S. Jensen, «Workers of the World Unite! Franchise Extensions and the Threat of Revolution in Europe, 1820-1938», 14 de marzo de 2012, http://www.econ.cam.ac.uk/faculty/aidt/papers/ web/workers/workers.pdf.

Primera Guerra Mundial,[4] pasando por el combate del sindicato Solidaridad contra el régimen comunista en Polonia, hasta la lucha del Congreso de Sindicatos Sudafricanos (COSATU, por sus siglas en inglés) contra el régimen del *apartheid* en Sudáfrica. Uno de los ejemplos recientes más claros lo ofrece el origen del Partido de los Trabajadores (PT) en Brasil. Dicho origen se halla en una huelga que tuvo lugar en 1979 en la fábrica de camiones Scania en São Bernardo do Campo. El líder de los trabajadores metalúrgicos de São Bernardo era un activista de 33 años llamado Luiz Inácio Lula da Silva, más conocido como Lula, quien ayudó a organizar lo que fue la primera de una serie de huelgas que se extendieron por todo Brasil, desafiando a la dictadura militar. A primera vista, las huelgas estaban motivadas por los salarios y las condiciones de trabajo, pero como Lula recordaría más tarde:

> Creo que no podemos separar los factores económicos de los políticos [...]. La lucha era por los salarios, pero al librar esa lucha la clase trabajadora obtuvo una victoria política.[5]

4. Véase G. Eley, *Forging Democracy: The History of the Left in Europe, 1850-2000*, Oxford University Press, Nueva York, 2002.
5. Citado en M. E. Keck, *The Workers' Party and Democratization in Brazil*, Yale University Press, New Haven, 1992, p. 65.

El Partido de los Trabajadores, formado en 1980, un año después de la huelga, estuvo a la vanguardia del exitoso movimiento para expulsar a los militares del poder en Brasil.

Así pues, las medidas políticas que reducen la eficacia de los sindicatos para negociar los salarios y las condiciones de trabajo de sus miembros reducirán también el poder político de tales formaciones. Aunque tanto Lula como el COSATU lograron organizarse en entornos políticos hostiles, la evidencia sugiere que las tasas de sindicalización son sensibles a las políticas gubernamentales que facilitan la creación de unas rentas y un poder monopolísticos.[6] Si el poder político de los sindicatos es importante para promover una serie de otros resultados económicos y políticos, entonces corregir los fallos del mercado laboral asociados a los salarios elevados propiciados por tales sindicatos puede resultar contraproducente.

6. Véanse B. Rothstein, «Labor-Market Institutions and Working-Class Strength», en S. Steinmo *et al.* (eds.), *Structuring Politics*, Cambridge University Press, Cambridge, 1992; B. Western, *Between Class and Market: Postwar Unionization in the Capitalist Democracies*, Princeton University Press, Princeton, 1999; J. Schmitt y A. Mitukiewicz, «Politics Matter: Changes in Unionisation Rates in Rich Countries, 1960-2010», *Industrial Relations Journal*, 43(3), 2012, 260-280.

Esta perspectiva también sirve para la experiencia sindical de los Estados Unidos, donde la proporción de trabajadores sindicados alcanzó su punto álgido a principios de la década de 1950. En lo ocurrido han desempeñado un papel las medidas políticas adoptadas: después de que se fomentase el crecimiento sindical con la aprobación de la Ley Nacional de Relaciones Laborales (la Ley Wagner) en 1935 y con diversas medidas durante la Segunda Guerra Mundial, el entorno en el que tiene lugar la negociación se volvió menos favorable para los sindicatos con la aprobación en 1947 de la Ley Taft-Hartley). Además, a partir de la década de 1970, las medidas políticas que alentaban el libre comercio aumentaron el nivel de competitividad en la economía estadounidense, socavando la capacidad de varios sindicatos del sector privado para aumentar los salarios. Y otro factor de importancia fue la postura antisindical de la Administración Reagan.[7]

La disminución de la afiliación a los sindicatos puede haber tenido diversas consecuencias en el terreno de la economía política; por ejemplo, como un factor importante que contribuyó al aumento de la desigualdad

7. Véase H. S. Farber y B. Western, «Ronald Reagan and the Politics of Declining Union Organization», *British Journal of Industrial Relations*, 40(3), 2002, 385-402.

de ingresos.[8] En términos más especulativos, también puede haber contribuido a que se disparase la remuneración de los altos ejecutivos[9] y a la rápida desregulación del sector financiero.

CONSECUENCIAS DE LA ORGANIZACIÓN DE LA RIQUEZA DE LOS RECURSOS

Un argumento muy difundido sostiene que la forma específica de los recursos naturales de un país tiene un impacto de primer orden en la economía y la política. Según este argumento, los diamantes extraídos mediante minería subterránea en Botsuana ejercen efectos diferentes sobre la estabilidad política que los diamantes aluviales de Sierra Leona.[10] Sin embargo, los efectos de los minerales pueden depender no tanto de sus características intrínsecas —o de si su extracción está organizada eficiente-

8. B. Western y J. Rosenfeld, «Unions, Norms, and the Rise in U.S. Wage Inequality», *American Sociological Review,* 76(4), 2011, 513-537.

9. J. DiNardo, K. Hallock y J.-S. Pischke, «Unions and Managerial Pay», *NBER Working Paper 6318,* 1997; *id.,* «Unions and the Labor Market for Managers», *Institute for the Study of Labor (IZA) Discussion Paper 150,* 2000.

10. M. L. Ross, «A Closer Look at Oil, Diamonds, and Civil War», *Annual Review of Political Science,* vol. 9, 2006, 265-300.

mente desde un punto de vista económico— como de las consecuencias políticas de la forma en que se estructura su explotación. Ilustremos esto mediante la comparación de la explotación de los depósitos de oro aluvial en Australia y los depósitos de diamantes en Sierra Leona. En ambos casos, por razones económicas básicas, la libre entrada al sector de la minería era ineficiente. La extracción de recursos naturales es un claro ejemplo del problema de la «congestión»: cuanto más extraigan los demás, menos quedará para cada participante. Una forma de abordar este fallo del mercado consiste en asignar derechos de propiedad exclusivos sobre los recursos naturales a un gran productor, que hará una planificación a largo plazo y eliminará la disipación de rentas a la que probablemente daría lugar una entrada excesiva en el sector. Otra forma de organizar la minería consiste en permitir que un gran número de particulares o pequeñas empresas busquen los recursos, posiblemente tras el pago de tasas de registro o de otro tipo. El caso australiano sugiere que cuando un gran número de mineros independientes y a pequeña escala realizan la extracción y se dan cuenta de que sus rentas podrían disiparse, esto contribuye a su organización política como grupo y, en última instancia, crea un panorama político más equilibrado y contribuye al desarrollo de una política democrática. Por otro lado, la experiencia de Sierra Leona muestra cómo la prevalencia de grandes y muy rentables intereses mineros, así como las luchas políticas internas para controlar y beneficiarse de ellos, tiene a menudo consecuencias negativas y no democráticas para la distribución del poder político.

En Australia, el oro fue descubierto en Nueva Gales del Sur y luego en el recién formado estado de Victoria en 1851. La reacción inmediata de las élites políticas australianas fue intentar prohibir la minería de oro por temor a que la fuerza laboral de las granjas y los ranchos desapareciese. Si se iba a permitir tal minería, debía ser solo después de que se hubieran realizado los estudios adecuados y se hubiera arrendado la tierra a grandes empresas.[11] Pero el oro estaba en tierras de la Corona y, por lo tanto, se hallaba fuera del control directo de las élites en la Asamblea Legislativa de Nueva Gales del Sur, que no podían prohibir la minería ni asignar derechos mineros en grandes lotes. Las preocupaciones del Estado colonial británico sobre el creciente poder de las élites económicas y políticas locales hicieron que se permitiese que cualquiera obtuviera una licencia minera siempre que pagara 30 chelines al mes. La tarifa era alta, pero no

11. J. B. Hirst, *Australia's Democracy: A Short History*, Allen & Unwin, Sídney, 2002, p. 375.

detuvo la masiva fiebre del oro. Pronto el 50% de los hombres de Victoria estaban trabajando en los yacimientos de oro. De los 40 agentes de policía de Melbourne, 38 renunciaron para ir a buscar el metal precioso. Los barcos no podían zarpar del puerto de Melbourne porque sus tripulaciones desertaban.[12]

A medida que los campamentos mineros de Australia se extendían, creció el rechazo causado por la licencia, que debía pagarse independientemente de que el minero encontrara o no oro; además, se impusieron más restricciones al tamaño de las concesiones que los mineros podían reclamar. Y aumentó el castigo para quienes ejercían la actividad ilegalmente. Los mineros comenzaron a organizarse para proteger sus intereses y aumentar sus rentas reduciendo el coste de las licencias. En 1854, fundaron la Liga Reformista de Ballarat en la ciudad homónima, ubicada en medio de los yacimientos de oro. En noviembre del mismo año, entregaron al gobernador un conjunto de «Resoluciones» que estaban fuertemente inspiradas en la agenda de los cartistas, un movimiento británico de la clase trabajadora que buscaba una mayor participación política.[13] (De hecho, el

---

12. G. Blainey, *A History of Victoria*, Cambridge University Press, Cambridge, 2006, p. 40.
13. Surgido en 1838, el movimiento expresaba el descontento de los trabajadores con los cambios derivados de la Revolución In-

secretario de la Liga Reformista de Ballarat, John Basson Humffray, había sido cartista en Gales antes de emigrar a Australia.) Las reivindicaciones incluían el sufragio universal masculino, la eliminación del requisito de poseer bienes para ser miembro del Consejo Legislativo de Victoria y el pago de salarios a los miembros de dicho consejo.[14] Se exigió también el desmantelamiento de las comisiones que recaudaban las tasas mineras en los yacimientos de oro, así como la supresión de las licencias. Un grupo de mineros, liderado por Peter Lalor y conocido como los «excavadores», decidió negarse a pagar las licencias, tomó las armas y construyó una empalizada en Eureka, que fue asaltada por la policía armada el 3 de diciembre de 1854. En el enfrentamiento murieron 30 mineros y cinco policías.

La indignación subsiguiente hizo que una Comisión Real recomendase la reforma del sistema de licen-

---

dustrial, la situación económica y las leyes promulgadas por el Parlamento. Tenía un marcado carácter político y tomó su nombre de la «Carta del Pueblo» *(People's Charter)*, enviada al citado Parlamento con seis peticiones: sufragio universal masculino; voto secreto; un sueldo anual para los diputados que posibilitase a los trabajadores ejercer la política; elecciones anuales; participación de los trabajadores en el Parlamento mediante la abolición del requisito de ser propietario, y establecimiento de circunscripciones iguales, que asegurasen idéntica representación a un mismo número de votantes. *(N. del T.)*

14. J. B. Hirst, *Australia's Democracy, op. cit.,* p. 48.

cias, incluyendo en ello la fijación de una tarifa de una libra por licencia anual. En virtud de la Constitución de Victoria de 1853, se consideraba que quien poseía tal licencia anual de minería tenía suficiente riqueza para poder votar. Así pues, de golpe, obtuvo el derecho al voto cualquier minero dispuesto a pagar una libra (y muchos lo hicieron). Al mismo tiempo, con el objetivo de apaciguar aún más a los «excavadores», se amplió el Consejo Legislativo para permitir que los mineros de los yacimientos de oro tuviesen representación. En 1855, Humffray y Lalor fueron elegidos para el Consejo Legislativo de Victoria junto con otros seis «excavadores». En marzo de 1856, el Consejo Legislativo introdujo la primera votación secreta efectiva del mundo, conocida en adelante como la votación australiana. Los ocho «excavadores» votaron a favor de la medida, que fue aprobada por un total de 33 votos a favor y 25 en contra.[15]

La experiencia australiana, donde la organización de los yacimientos de oro creó una gran fuerza prodemocrática, contrasta de manera sorprendente con lo ocurrido en Sierra Leona. En este país, la prospección

---

15. *Id.*, *Making Votes Secret: Victoria's Introduction of a New Method of Voting that has Spread around the World*, Victorian Electoral Commission, Melbourne, 2006.

de diamantes se inició en la década de 1920. Los primeros descubrimientos se hicieron en 1931; dos años más
tarde comenzó en el este la minería a pequeña escala, y
en 1935 el gobierno colonial otorgó al Sierra Leone Se-
lection Trust (SLST) derechos prácticamente exclusivos
de prospección y minería en todo el país. Para proteger
estos derechos frente a la minería ilegal, el SLST tenía su
propia fuerza de seguridad. En *The Sierra Leone Diamonds: An Economic Study Covering the Years 1952-
61*, H. L. van der Laan plantea la siguiente pregunta:

> ¿Qué era mejor para la economía sierraleonesa?,
> ¿que una empresa minera explotase los yacimientos de
> diamantes de manera lenta y constante, o que lo hiciesen
> los excavadores rápidamente?[16]

El autor sostiene que la opción del SLST fue mejor
(desde el punto de vista económico) «porque la tasa de
recuperación conseguida por los mineros [...] estaba
muy por debajo de la tasa cercana al 100% lograda por
el SLST»,[17] y porque su monopolio generó más ingresos
para el gobierno.

16. H. L. van der Laan, *The Sierra Leone Diamonds: An Economic Study Covering the Years 1952-61*, Oxford University Press,
Oxford, 1965, p. 79.
17. *Ibid.*, p. 80.

Pero la característica realmente importante de la organización de la minería de diamantes en Sierra Leona no fue la de los costes y beneficios económicos del SLST, sino la de sus consecuencias políticas. Al tiempo que el SLST luchó por poner coto a la minería ilegal, la organización del sector de la minería no creó el tipo de impulso democrático que tuvo lugar en Australia. Y una consecuencia de esto fue que el movimiento de independencia en la década de 1950 estuvo encabezado por los jefes supremos de los distritos rurales y por otras élites favorecidas por el colonialismo británico. En 1952, cuando estas élites sierraleonesas comenzaron a controlar el Consejo Legislativo, decidieron no abrir la minería de diamantes a los sierraleoneses, y en lugar de ello optaron por subir los impuestos al SLST. A cambio de esa subida fiscal, ayudaron a hacer cumplir los derechos de monopolio castigando agresivamente la minería ilegal. El ministro de Minas a cargo de esta tarea era el futuro primer ministro y presidente cleptocrático de Sierra Leona, Siaka Stevens. Llegados a 1956, el número de mineros ilegales había crecido tanto —eran probablemente unos 75000—[18] que las fuerzas de seguridad se veían desbordadas. El monopolio del SLST estaba ahora restringido a dos áreas, pero se trataba de los principales depósitos

18. *Ibid.*, p. 65.

de Kono y Tongo. En los demás lugares, se otorgaban licencias de minería, pero no a «forasteros» —en referencia a cualquiera que no fuera un residente nativo del cacicazgo en cuestión.

Naturalmente, como mostramos en nuestra obra *Por qué fracasan los países*,[19] hubo otros factores históricos e institucionales que obstaculizaron el desarrollo del tipo de instituciones y medidas inclusivas, tanto políticas como económicas, que habrían estimulado el crecimiento económico en Sierra Leona. Pero los arreglos que se habían establecido para el acceso a los recursos naturales contribuyeron de manera esencial a que, durante el periodo clave de la fundación de los primeros partidos políticos en Sierra Leona, estos estuviesen conformados por las élites, en particular por los jefes supremos de los distritos rurales y las personas ligadas a ellos, sin la participación de la amplia masa de sierraleoneses.[20] Estaba preparado el escenario para la creación de un régimen autoritario y de partido único tras la independencia en 1961.

19. D. Acemoglu y J. A. Robinson, *Why Nations Fail, op. cit.*
20. J. R. Cartwright ofrece una visión general en *Politics in Sierra Leone 1947-67*, University of Toronto Press, Toronto, 1970.

3

CONSECUENCIAS POLÍTICAS
DE LA DESIGUALDAD

Al eliminar un fallo del mercado también se alterará generalmente la distribución de los ingresos en la sociedad. Por ejemplo, cuando los sindicatos tienen menos capacidad para ejercer el poder monopolístico, no solo se debilita su organización, sino que además (al menos en ausencia de una competencia fuerte) aumentan los beneficios empresariales. Por lo general, los ingresos serán redistribuidos, pasando de los trabajadores a los gerentes y propietarios de las empresas. Pero este cambio también influirá en el equilibrio político.

Un ejemplo de cómo una distribución de los ingresos modificada puede tener un impacto en la política futura, y uno de primer orden, lo proporciona el efecto que las oportunidades comerciales en el Atlántico ejercieron en el sistema político inglés en el siglo xvii. Dado que por entonces las actividades comerciales atlánticas no eran monopolio de la Corona en Inglaterra, estaban dominadas por mercaderes independientes, aventureros y corsarios. Las ganancias del comercio del Atlántico enriquecieron a muchos de estos hombres, que se opusieron al absolutismo de los Estuardo y buscaron limitar las prerrogativas de la Corona. A medida que hacían más ricos, se volvieron también más poderosos y audaces, e incluso fueron capaces de desplegar ejércitos para derrotar a la monarquía en la guerra civil inglesa de la década de 1640 y luego durante la Revolución Gloriosa de 1688. Nuestro trabajo con Simon Johnson y el de Suamitra Jha proporcionan pruebas históricas y empíricas que vinculan la aparición de instituciones inclusivas en Inglaterra y en la República de Holanda con el surgimiento de comerciantes e industriales que se beneficiaron del comercio atlántico.[1] Resulta significativo que esta trayectoria sea muy diferente de la observada en Portugal o España, donde las actividades comerciales atlánticas eran monopolizadas y asignadas por la Corona. En estos países, las riquezas del comercio fluyeron hacia las arcas de los monarcas ya dominantes, fortaleciendo la monar-

1. D. Acemoglu, S. Johnson y J. A. Robinson, «The Rise of Europe: Atlantic Trade, Institutional Change, and Economic Growth», *American Economic Review*, 95(3), 2005, 546-579; S. Jha, «Financial Innovation and Political Development: Evidence from Revolutionary England», *Stanford University Graduate School of Business Research Paper No. 2005*, 2010.

quía, debilitando los parlamentos y contribuyendo al desequilibrio del poder político, un desequilibrio que iba a persistir y coadyuvar a la ausencia de desarrollo económico y político en estas partes de Europa Occidental.

El dinero y la política en los Estados Unidos

La experiencia de la desregulación financiera en los Estados Unidos durante las tres últimas décadas, analizada por Simon Johnson y James Kwak en *13 Bankers*,[2] ilustra cómo las medidas económicas diseñadas sin tener en cuenta sus consecuencias políticas pueden ser perjudiciales para el bienestar social. El sistema de regulación financiera y bancaria que surgió de la Gran Depresión tenía muchas características que eran irracionales desde un punto de vista puramente económico, como la prohibición de la banca interestatal y la separación entre la banca comercial y la de inversión. Jith Jayaratne y Philip E. Strathan, entre otros, muestran en «The Finance-Growth Nexus» que la eliminación de algunas de estas restricciones bancarias estimuló un rá-

2. S. Johnson y J. Kwak, *13 Bankers: The Wall Street Takeover and the Next Financial Meltdown*, Pantheon, Nueva York, 2010.

pido crecimiento económico.[3] Estas reformas eran análogas a aquellas en las que se abordan directamente los fallos del mercado, en el sentido de que eliminaban distorsiones introducidas en parte por las políticas económicas anteriores. Pero al igual que otras medidas económicas con consecuencias políticas potencialmente contraproducentes, esas reformas tendieron a fortalecer a una parte del electorado ya poderosa: el sector financiero.

La desregulación financiera fue al principio más bien modesta; por ejemplo, en 1975 se puso fin a las comisiones fijas en las operaciones bursátiles. Luego, en 1980, se abolió la Regulación Q, que limitaba los tipos de interés de las cuentas de ahorro. Como sostienen Johnson y Kwak,[4] si bien en ese momento el sector bancario y de servicios financieros no era lo suficientemente poderoso como para conseguir toda la desregulación que deseaba, sí lo era para bloquear nuevas regulaciones. Y ello fue relevante porque por entonces empezaba a darse un considerable grado de innovación financiera; por ejemplo, en 1981 Salomon Brothers creó la permuta

3. J. Jayaratne y P. E. Strathan, «The Finance-Growth Nexus: Evidence from Bank Branch Deregulation», *Quarterly Journal of Economics*, 111(3), 1996, 639-670.
4. S. Johnson y J. Kwak, *13 Bankers, op. cit.*

financiera de tipo de interés.[5] A la vez que se desarrollaban estos nuevos instrumentos financieros, y que los reguladores y los tribunales relajaban progresivamente las normas que limitaban los servicios que podían prestar los bancos, el sector financiero se hizo más grande y más rentable. Entre 1980 y 2005, los beneficios de dicho sector financiero crecieron un 800% en términos reales, mientras que los beneficios no financieros aumentaron un 250%.[6] Entre 1998 y 2007, los beneficios del sector representaron por término medio alrededor del 30% de los beneficios totales del sector privado. Durante este periodo, el sector financiero creció del 3,5% a casi el 6% del PIB.

A medida que los bancos se hacían más grandes y más rentables, mostraron mayor determinación y se volvieron más influyentes. Comenzaron a ejercer mayor presión política y a contribuir más a las campañas electorales. En 1990 el sector financiero donó 61 millones de

5. También conocida como *swap*, un derivado financiero en el que, mediante un contrato, una parte se somete al pago resultante de un referencial fijo de interés, mientras que la otra lo hace a uno variable según las fluctuaciones de los mercados financieros. Este tipo de producto, muy comercializado por los bancos, consiste esencialmente en que, de bajar los tipos de interés, el cliente habrá de pagar importantes sumas, mientras que en caso de subida, según el tipo pactado, el banco abonará pequeñas cantidades. *(N. del T.)*

6. S. Johnson y J. Kwak, *13 Bankers, op. cit.*, cap. 3.

dólares a las campañas políticas, mientras que en 2006 esa cifra ascendió a 260 millones —el siguiente donante más importante, la industria de la atención médica, donó 100 millones—. Por supuesto, el aumento de la riqueza del sector financiero y sus contribuciones a las campañas no fueron la única fuente de incremento de su poder político. También hubo una puerta giratoria entre Wall Street y los puestos ejecutivos en Washington. Y como señalan Johnson y Kwak, en el mundo académico de las finanzas se produjo una revolución intelectual que implicó una visión distinta de los instrumentos financieros derivados y un conjunto de estudios que abogaban por la desregulación, todo lo cual se interpretó como un fortalecimiento de la posición del sector financiero.

De modo que la desregulación continuó. En 1994, la Ley Riegle-Neal para la Eficiencia de la Banca Interestatal y las Sucursales relajó las restricciones a dicha banca interestatal y condujo a una serie de fusiones que dieron origen a grandes bancos de alcance nacional. Se formaron JP Morgan & Chase Co. y Citicorp, y se transformó el Bank of America. En 1999, la Ley Gramm-Leach-Bliley codificó de manera efectiva la demolición de la mayoría de las barreras entre la banca comercial y la de inversión, barreras que ya habían ido cayendo gradualmente durante varias décadas como resultado de decisiones regulatorias y judiciales.

Pero tal vez más importante que todos estos cambios fue la evitación de regulaciones; por ejemplo, aquellas que podrían haber alterado la forma en que los contables y los reguladores trataban las obligaciones de deuda colateralizadas (basadas en títulos respaldados por hipotecas) y las permutas de incumplimiento crediticio comercializadas por compañías de seguros como el American Insurance Group (AIG). Además, el poder político de la industria financiera acentuó el problema del riesgo moral en las finanzas (el hecho de que las grandes instituciones financieras puedan correr riesgos esperando ser rescatadas por el gobierno cuando las cosas se pongan feas). En definitiva, estos cambios regulatorios y el vacío normativo, junto con el problema del riesgo moral, crearon un entorno que alentó la asunción de riesgos excesivos y contribuyó a la crisis financiera de 2007-2008.

En términos de nuestro enfoque, este relato ilustra cómo la desregulación potencialmente mejoradora de la eficiencia puede haber aumentado el tamaño y el poder político de la industria financiera, lo cual alteró en favor de esta industria la estructura de las futuras regulaciones y asignaciones, con consecuencias potencialmente adversas para el resto de la sociedad. Dicho de otro modo, cualquier análisis de estas medidas económicas que se centre solo en sus costes y beneficios económicos, y no tenga en cuenta las consecuencias políticas de los cambios que desencadenan, subestimará de manera drástica los probables costes reales.

LA PRIVATIZACIÓN RUSA

La mayoría de los economistas son partidarios de la privatización de la industria. Pocos sostienen que la propiedad gubernamental de dicha industria sea eficiente desde una perspectiva de costes y beneficios. Al igual que la desregulación, la privatización también se propone como una forma de mejorar la eficiencia económica revirtiendo las distorsiones existentes (impuestas por el gobierno). Sin embargo, la privatización de empresas en Rusia durante la década de 1990 es otro ejemplo de unas medidas que han ejercido un efecto importante sobre la distribución del ingreso, al crear un grupo de individuos muy ricos y poner en marcha cambios políticos significativos —tales medidas no solo tuvieron consecuencias negativas directas, sino que además debilitaron el proceso de reforma política y suscitaron una reacción que allanó el camino para el ascenso del régimen autoritario de Vladímir Putin.

En el verano de 1991, Borís Yeltsin resultó ganador en las elecciones a la recién creada presidencia rusa. Su programa, con el que derrotó a cuatro comunistas y un nacionalista acérrimo, incluía una serie de reformas radicales orientadas a una economía de mercado. Para llevarlas a cabo, eligió a Yegor Gaidar, quien a su vez le pidió a Anatoli Chubáis que se hiciera cargo de la privatización. De todas las medidas que Yeltsin quería adoptar, la privatización de las miles de empresas estatales del país era quizás la más crítica, y lo cierto es que el nuevo presidente no tenía ningún plan específico al respecto, así que Gaidar y Chubáis idearon una estrategia para poner los principales activos de la Unión Soviética en manos privadas.

En la primavera de 1992, comenzaron a venderse pequeñas empresas como tiendas y restaurantes. Además, la gente podía hacerse propietaria de su vivienda gratis o casi gratis. A finales de año, Chubáis se centró en las grandes empresas. El equipo de Yeltsin intentó involucrar a la ciudadanía en esta distribución inicial de activos: las empresas grandes y medianas debían vender el 29% de sus acciones en subastas y, con vistas a ello, en octubre de 1992 cada adulto ruso recibió vales de compra con un valor nominal de 10 000 rublos; estos vales podían recogerse en un banco local, pagando tan solo una comisión de 25 rublos. En enero de 1993, el 97% de los rusos habían retirado sus vales, que podían venderse o emplearse para pujar por las acciones de las empresas cuando se privatizaban. Las primeras subastas se celebraron en diciembre de 1992 y, en total, se privatizaron así unas 14 000 empresas. Pero la mayor parte de los activos de estas empresas fueron a parar a sus trabajadores y sus directivos, pues la ley les permitía comprar con descuento, y empleando los propios fondos de la empresa, el 51 % de las acciones con derecho a voto. De hecho, la mayoría de los activos acabaron en manos de quienes tenían información privilegiada.

La etapa más controvertida de la privatización —y, en retrospectiva, la más claramente perjudicial— fue la del acuerdo de intercambio de préstamos por acciones, que tuvo lugar en 1995. Las acciones estatales en doce empresas altamente rentables del sector energético fueron empleadas como garantía para los préstamos bancarios al gobierno. Si después estos préstamos no se pagaban —y el gobierno nunca tuvo intención de pagarlos—, los bancos tendrían derecho a vender las acciones. Entre noviembre de 1996 y febrero de 1997, se vendieron las de varias grandes empresas, entre ellas Yukos, Sidanko y Surgutneftegaz, y en todos los casos fueron compradas por los propios bancos en subastas en las que las ofertas externas fueron descalificadas o ignoradas. En *Sale of the Century*, de Chrystia Freeland, y *The Oligarchs,* de David E. Hoffman, se detallan estos hechos y el resultante ascenso de la oligarquía.[7] Y es que este tipo de privatización no solo fue incapaz de crear un gran número de pequeños accionistas, sino que además enriqueció y dio un enorme poder a los oligarcas. En 1994, los trabajadores poseían el 50% de la empresa rusa media; en 1999, esa cifra había caído al 36%. Llegados a 2005, en el 71% de las empresas medianas y grandes de la industria y las comunicaciones había un individuo que poseía la mitad de las acciones.[8]

La fuerza impulsora de esta privatización la constituyeron los manuales de economía: se pretendía que Rusia pasara de la planificación central y la propiedad estatal a una economía de mercado mucho más eficiente. Así contemplaban el asunto por entonces muchos economistas; el debate principal giraba en torno a la rapidez con la que se debía privatizar,[9] no a si se debía mantener o no la propiedad estatal. Los argumentos de que la privatización podría crear un monopolio privado, con con-

7. C. Freeland, *Sale of the Century: Russia's Wild Rise from Communism to Capitalism,* Crown, Nueva York, 2000; D. E. Hoffman, *The Oligarchs: Wealth and Power in the New Russia*, Public Affairs, Nueva York, 2002.

8. Véase D. Treisman, *The Return: Russia's Journey from Gorbachev to Medvedev*, The Free Press, Nueva York, 2011, pp. 223-224.

9. Véase P. Aghion y O. J. Blanchard, «On the Speed of Transition in Central Europe», en S. Fischer y J. J. Rotemberg, *NBER Macroeconomics Annual*, vol. 9, 283-330, MIT Press, 1994.

secuencias económicas aún peores que la propiedad pública, como sugirió Severin Borenstein en el contexto de California,[10] no eran comunes —desde entonces, algunos autores, incluidos Bernard Black, Reiner Kraakman y Anna Tarassova (*Russian Privatization and Corporate Governance*), Joseph E. Stiglitz (*Globalization and Its Discontents*) y Marshall I. Goldman *(The Privatization of Russia)*, han recurrido a argumentos puramente económicos para criticar la privatización—.[11] En la medida en que los economistas se preocuparon por la economía política del proceso, no consideraron que la privatización pudiera tener consecuencias políticas adversas. Más bien se centraron en estructurar la transición de modo que la coalición política partidaria de la privatización mantuviera el rumbo correcto,[12] o en las restricciones políticas que determinaban qué tipo de privatización

10. S. Borenstein, «The Trouble with Electricity Markets: Understanding California's Restructuring Disaster», *Journal of Economic Perspectives,* 16(1), 2002, 191-211.

11. B. Black, R. Kraakman y A. Tarassova, *Russian Privatization and Corporate Governance: What Went Wrong?, Stanford Law Review,* 52(6), 2000, 1731-1808; J. E. Stiglitz, *Globalization and Its Discontents,* Norton & Co., Nueva York, 2002; M. I. Goldman, *The Privatization of Russia: Russian Reform Goes Awry,* Routledge, Nueva York, 2003.

12. M. Dewatripont y G. Roland, «Economic Reform and Dynamic Political Constraints», *Review of Economic Studies,* 59(4), 1992, 703-730.

podía darse.[13] De hecho, una opinión común consistía en que los detalles particulares de la privatización rusa no eran de suma importancia, esencialmente debido al argumento de que «la buena economía es buena política». Por ejemplo, en *Privatizing Russia* (1995), Maxim Boycko, Andrei Shleifer y Robert W. Vishny afirmaban lo siguiente:

> En Rusia al menos, la influencia política sobre la vida económica fue la causa fundamental de la ineficiencia de la economía; por lo tanto, el objetivo principal de las reformas económicas ha sido despolitizar la vida económica [...]. La privatización fomenta tal despolitización porque priva a los políticos del control sobre las empresas.[14]

De hecho, hay evidencia de que la privatización en Rusia fue inicialmente beneficiosa para la economía. Es más, parece que los oligarcas invirtieron al principio grandes sumas en sus nuevas empresas.[15] Por ejemplo,

13. A. Shleifer y D. Treisman, *Without a Map: Political Tactics and Economic Reform in Russia*, MIT Press, Cambridge, 2000.

14. M. Boycko, A. Shleifer y R. W. Vishny, *Privatizing Russia*, *op. cit.*, pp. 10-11.

15. D. Treisman, *The Return: Russia's Journey from Gorbachev to Medvedev, op. cit.*; A. Åslund, *How Capitalism was Built: The Transformation of Central and Eastern Europe, Russia and Central Asia*, Cambridge University Press, Nueva York, 2007, cap. 6.

en «A Normal Country» (2004), Andrei Shleifer y Daniel Treisman escriben:

> ¿Han despojado los oligarcas de sus activos a las empresas que adquirieron en la privatización, en lugar de invertir en ellas? Las auditorías contables de estas empresas indican que sus activos han crecido de manera espectacular, sobre todo desde 1998 [...]. Los principales oligarcas han estado invirtiendo anualmente cientos de millones de dólares en sus empresas.[16]

Pero aquí nos centramos en las consecuencias políticas de la privatización, que resultaron ser muy perjudiciales. La privatización rusa enriqueció y dio temporalmente un gran poder político a un grupo de oligarcas carentes de escrúpulos; en tal medida, de hecho, que la desigualdad en Rusia aumentó significativamente.[17] Pero más importante aún es que la desigualdad económica y política creada por dicha privatización provocó una reacción contra el proceso de reforma económica y política en Rusia, lo cual en última instancia abrió la puerta al retorno del autoritarismo y afianzó una forma de

16. A. Shleifer y D. Treisman, «A Normal Country», *Foreign Affairs* 83(2), 2004, p. 29.
17. M. Alexeev, «Privatization and the Distribution of Wealth in Russia», *Economics of Transition,* 7(2), 1999, 449-465.

capitalismo clientelista dirigido por el Estado.[18] La evolución de este equilibrio político consta de varias capas. En primer lugar, la privatización no logró crear esa amplia distribución de activos que habría proporcionado la base económica para la naciente democracia y para las políticas económicas que eran socialmente deseables. En segundo lugar, la distribución de los beneficios no solo estuvo limitada a una minoría, sino que además fue ilegítima —porque el gran aumento de la desigualdad favoreció a los emprendedores políticos y a quienes tenían buenos contactos—. En tercer lugar, la concentración de los activos debida a este proceso y las enormes rentas que estaban en juego facilitaron que el KGB, revitalizado bajo el liderazgo de Putin, recuperase el control de la economía. Por último, la forma en que la privatización se llevó a cabo puede haber socavado los incentivos de los oligarcas para abogar por unas instituciones mejores,[19] y también puede haber alimentado el apoyo popular a la estrategia política autoritaria de Putin.

18. Para un análisis teórico del asunto, véase S. M. Guriev y K. Sonin, «Dictators and Oligarchs: A Dynamic Theory of Contested Property Rights», *Journal of Public Economics,* 93(1-2), 2008, 1-13.

19. K. Sonin, «Why the Rich May Favor Poor Protection of Property Rights», *Journal of Comparative Economics,* 31(4), 2003, 715-731.

Nuestra conclusión sobre la experiencia de la privatización rusa es que el enfoque puramente económico con el que se pretendía que los activos pasasen de ser propiedad colectiva a propiedad privada resultó lamentablemente inadecuado —como lo fue el enfoque de economía política basado en la afirmación de que «la buena economía es buena política»—. La evidencia señala que la privatización, en particular su forma, tuvo un impacto decisivo en la política rusa y contribuyó al ascenso de un régimen autoritario y represivo que gobernó una sociedad mucho más desigual.

4
LA VIOLACIÓN DE LAS RESTRICCIONES
DE LOS INCENTIVOS POLÍTICOS

Los políticos suelen enfrentarse a «restricciones de la compatibilidad entre los distintos incentivos políticos», que determinan el provecho esperado que un gobernante debe obtener él mismo u ofrecer a los intereses organizados si desea permanecer en el poder. Eliminar los fallos del mercado, sin identificar y abordar las fuentes políticas e institucionales fundamentales de las distorsiones, puede suponer una violación de las restricciones mencionadas. Dicho de otro modo, un conjunto de medidas que puede parecer profundamente errado según los criterios de los manuales básicos de economía puede no obstante servir al propósito, en el terreno de la economía política, de mantener unida a una coalición gobernante. Por consiguiente, eliminar esos fallos del mercado puede debilitar las coaliciones existentes o alterar los equilibrios. Y el resultado puede ser el surgimiento de nuevas coaliciones o nuevos tipos de equilibrios, que pueden restablecer los fallos del mercado o crear otros nuevos —porque tales fallos son útiles con vistas a mantener unida a la nueva coalición de gobierno o crear rentas para los gobernantes—. En nuestro estudio con Simon Johnson y Pablo Querubín sobre la independencia de los bancos centrales cuando las instituciones son débiles, denominamos a este tipo de recreación de distorsiones «efecto balancín».[1] Pero, lo cual es más inquietante, las consecuencias de violar las restricciones de la compatibilidad entre los incentivos políticos también podrían consistir en un periodo de agitación social, con sus propios costes elevados, o incluso una guerra civil. Es decir, en este contexto, abordar los fallos del mercado sin una consideración adecuada de las consecuencias políticas puede ser ineficaz, o incluso contraproducente en términos generales de bienestar social.

MEDIDAS REFORMISTAS, INESTABILIDAD Y VIOLENCIA

La experiencia del primer ministro de Ghana, Kofi Busia, en 1971 muestra que las recomendaciones sobre medidas económicas deben tener en cuenta que los políti-

1. D. Acemoglu, S. Johnson, P. Querubín y J. A. Robinson, «When Does Policy Reform Work? The Case of Central Bank Independence», *Brookings Papers on Economic Activity*, 39(1), 2008, 351-417.

cos afrontan limitaciones políticas y que, también en este caso, la buena economía no es necesariamente buena política.

Busia había llegado al poder en 1969, después de que la junta militar que en 1966 había expulsado al gobierno cada vez más autocrático de Kwame Nkrumah finalmente renunciase al mando. El nuevo primer ministro se vio enfrentado de inmediato a una profunda crisis económica, debida a las medidas expansionistas insostenibles, un tipo de cambio sobrevalorado y una distorsionadora regulación de precios, implementada a través de juntas de comercialización. Pero estas medidas habían sido adoptadas no porque los líderes ghaneses, incluido Busia, creyeran que eran «buena economía» o una forma de desarrollar el país. Fueron elegidas para satisfacer restricciones políticas. Las medidas económicas expansionistas y los tipos de cambio sobrevalorados permitieron a Busia y sus predecesores transferir recursos a los grupos urbanos. Y los controles de precios también tenían una marcada lógica política: como señaló por primera vez Robert H. Bates en su clásico *Markets and States in Tropical Africa*,[2] las distorsiones del mercado y los controles de precios crean rentas valiosas que

2. R. H. Bates, *Markets and States in Tropical Africa*, University of California Press, Berkeley, 1981.

luego pueden asignarse para generar apoyo político. Las políticas de precios ghanesas exprimieron la agricultura proporcionado alimentos baratos a los votantes urbanos, políticamente más poderosos, y generaron una recaudación que financió el gasto gubernamental —y llenó los bolsillos de los políticos.

Estas medidas, en conjunción, hicieron inevitables las crisis de la balanza de pagos y la escasez de divisas, así como la recesión económica. Para instituciones externas como el Banco Mundial y el Fondo Monetario Internacional (FMI), el problema y su solución estaban claros: había que eliminar las medidas distorsionadoras. Enfrentado a la crisis económica y la presión internacional, Busia cedió, y el 27 de diciembre de 1971 firmó un acuerdo con el FMI que incluía una fuerte devaluación de la moneda, del 44%. Cualquiera que fuera la lógica de manual de economía en la que se basaron las reformas, lo cierto es que el resultado político fue nefasto. La devaluación se vio seguida de disturbios, manifestaciones continuas y un gran descontento. Dos semanas después del anuncio de dicha devaluación, Busia fue derrocado en un golpe militar, que inmediatamente revirtió la polémica medida. En suma, los controles estatales sobre precios, salarios, juntas de comercialización y tipos de cambio eran el núcleo de la red clientelar de los políticos ghaneses, y cualquier político que perdiera el apoyo de esta red era vulnerable tanto en las urnas como contra los militares.

Lo ocurrido en Ghana, que las medidas reformistas se viesen seguidas de la violencia, no es un caso aislado. Como han señalado tanto Jeffrey I. Herbst como William Reno,[3] se trata de un patrón general en los países de África Occidental; de hecho, una de las razones por las que rara vez se llevan a cabo estas reformas es que los políticos saben que probablemente conduzcan al colapso del orden político.[4]

El análisis de Sierra Leona que hace Reno es revelador. Tras el ascenso al poder en 1968 del exministro de Minas, Siaka Stevens, y su partido, Congreso de Todo el Pueblo, surgió en Sierra Leona un pacto político basado en la creación y distribución de rentas. El patrimonialismo y la redistribución de esas rentas fueron convertidos en un arte por Stevens, quien manipuló las instituciones políticas tradicionales, como los cacicazgos, y compró apoyos a gran escala utilizando rentas,

3. J. I. Herbst, «The Structural Adjustment of Politics in Africa», *World Development*, 18(7), 1990, 949-958; W. Reno, *Corruption and State Politics in Sierra Leone*, Cambridge University Press, Cambridge, 1995; *id.*, *Warlords Politics and African States*, Lynne Rienner, Boulder, 1998.

4. N. van de Walle, *African Economies and the Politics of Permanent Crisis, 1979-1999*, Cambridge University Press, Cambridge, 2001.

clientelismo y empleos. Stevens gobernó hasta 1985, cuando cedió el puesto a su sucesor elegido a dedo, el general Joseph Momoh, que gobernó el país hasta que fue derrocado por un golpe militar en 1992. Un año antes había estallado una guerra civil que iba a durar una década, hasta el 2002, cuando tuvo lugar la democratización de Sierra Leona. Pues bien, en las cuatro décadas transcurridas desde la independencia del país hasta esta democratización apenas se proporcionaron bienes públicos. Las carreteras y las escuelas se desintegraron. La televisión nacional dejó de emitir en 1987, cuando el ministro de Información vendió la emisora, y en 1989 se derrumbó una torre de radio que retransmitía las señales fuera de Freetown, con lo cual concluyeron las transmisiones allende la capital.[5] La Junta de Comercialización de Productos Agrícolas ejercía el monopsonio de todos los cultivos de exportación y pagaba a los agricultores unos precios muy bajos —un 40% del precio mundial—.[6] El tipo de cambio estaba enormemente so-

5. W. Reno, «Political Networks in a Failing State: The Roots and Future of Violent Conflict in Sierra Leone», *Internationale Politik und Gesellschaft*, n.º 2, 2003, p. 48.
6. V. A. B. Davies, «Sierra Leone's Economic Growth Performance, 1961-2000», en B. J. Ndulu *et al.* (eds.), *The Political Economy of Growth in Africa, 1960-2000*, vol. 2, Cambridge University Press, Cambridge, 2007.

brevalorado, lo cual dio lugar a un mercado negro. Y el PIB per cápita cayó de forma casi constante desde principios de la década de 1970; cuando en el 2002 finalizó la guerra civil, había caído en total un 60% desde la independencia del país en 1961.[7]

Pero, irónicamente, Reno sostiene que los intentos de la comunidad internacional de mejorar las políticas económicas de Sierra Leona tuvieron la consecuencia indeseada de intensificar la violencia existente e incluso empujar al país a una sangrienta guerra civil.[8] Sierra Leona recurrió por primera vez al FMI en 1979, y tras ello entró en una larga serie de negociaciones. A medida que su economía declinaba en la década de 1980, aumentó la necesidad que el gobierno tenía de recursos internacionales, pero el problema para el presidente Momoh, según Reno, fue que «la responsabilidad fiscal y el recorte presupuestario, en este contexto, no hicieron sino aumentar la urgencia de encontrar medios alternativos para asegurar la lealtad de los aliados políticos».[9] Y más importante aún:

---

7. *Ibid.*
8. W. Reno, *Corruption and State Politics in Sierra Leone, op. cit.*; *id., Warlords Politics and African States, op. cit.*
9. *Ibid., Corruption and State Politics in Sierra Leone, op. cit.*, p. 156.

El presidente estaba perdiendo sus recursos para el control político. Como los déficits de ingresos y las medidas de austeridad del FMI obligaban a deshacerse de parte de la burocracia estatal que había sobrevivido [...], los aliados de Momoh buscaron otros medios de subsistencia a medida que perdían el acceso a los beneficios [...]. El presidente ya no podía controlar la desobediencia [...]. La reforma de las «malas políticas económicas» no restauró el control político de Momoh ni sacó partido de las «energías empresariales», que ahora se dirigían a eludir la autoridad del presidente.[10]

En resumen, las medidas económicas bienintencionadas, impuestas al régimen por los economistas que intentaban corregir los fallos del mercado y las medidas distorsionadoras, privaron a Momoh de los instrumentos que había empleado para comprar apoyo político. Como resultado, el presidente cambió de estrategia política, y sustituyó la compra de personas por el empleo de la coacción y la fuerza. En enero de 1990, lanzó la «Operación Tabla Rasa», que constituía un intento de valerse del ejército para tomar el control de las zonas de la minería de diamantes. Al carecer de los instrumentos habituales del clientelismo, como los empleos

10. *Ibid.*, p. 161.

en el sector público y las contrataciones estatales, el presidente recurrió a la coacción para intentar acaparar las rentas que quedaban en Sierra Leona. Y el resentimiento que esto provocó en el este del país contribuyó a desencadenar una sangrienta guerra civil que duró una década.[11] Aunque el régimen de Momoh era claramente extractivo, cleptocrático y represivo, la guerra civil subsiguiente no era desde luego el objetivo ni el resultado deseable de las reformas. El análisis de Reno pone de relieve que las consecuencias políticas no deseadas son frecuentes cuando la reforma se impone desde fuera, sin comprender el equilibrio político existente y las limitaciones de la compatibilidad de los incentivos políticos.

LAS RENTAS Y EL ESTADO NATURAL

En *Violence and Social Orders*, Douglas C. North, John Joseph Wallis y Barry R. Weingast también señalan indirectamente que el *dictum* «la buena economía es buena política» resulta falaz, pues proporcionan varios contraejemplos en el contexto de lo que ellos llaman

11. Véase P. Richards, *Fighting for the Rainforest: War, Youth and Resources in Sierra Leone*, James Currey, Oxford, 1996.

«Estados naturales».[12] En su marco conceptual para explicar el desarrollo económico, sostienen que existe una dicotomía básica entre dos tipos de órdenes sociales: por un lado, están los de «acceso abierto», caracterizados por el desarrollo económico, la democracia, una sociedad civil rica y dinámica, con multitud de organizaciones y de relaciones sociales impersonales, lo cual incluye el imperio de la ley y los derechos de propiedad garantizados; por otro lado, están los de «acceso limitado», caracterizados por un crecimiento económico deficiente, un reducido número de organizaciones y unas relaciones sociales en las que priman los vínculos personales y los privilegios, una aplicación desigual de las leyes y unos derechos de propiedad no garantizados. Todos los órdenes sociales, sostienen los autores, están construidos para controlar la amenaza y el uso de la violencia, pero lo hacen de diferentes maneras, y con distintas consecuencias para los incentivos económicos y el desarrollo. En particular, un «Estado natural» representa un orden de acceso limitado donde la clave para controlar la violencia es la creación de rentas. Haciéndose eco del análisis de Robert H. Bates que hemos mencionado anteriormente, escriben:

12. D. C. North, J. J. Wallis y B. R. Weingast, *Violence and Social Orders: A Conceptual Framework for Interpreting Recorded Human History*, Cambridge University Press, Cambridge, 2009.

En un Estado natural, la creación sistemática de rentas mediante el acceso limitado no es simplemente un método para llenar los bolsillos de la coalición dominante; es el medio esencial para controlar la violencia. Dicha creación de rentas, los límites a la competencia y el acceso a las organizaciones son centrales para la naturaleza del Estado, sus instituciones y el funcionamiento de la sociedad. Al limitar solo a los miembros de la coalición la capacidad de formar organizaciones contractuales, se asegura la continua cooperación de las élites poderosas, pues sus intereses queden directamente ligados a la supervivencia de tal coalición.[13]

En el mundo del Estado natural, o del orden de «acceso limitado», que según los autores constituye un modelo general para la economía política de los países pobres, la buena economía casi nunca es buena política. Tal como lo expresan los mencionados autores:

Dado que las élites saben que la violencia reducirá sus propias rentas, tienen incentivos para no luchar. Además, cada élite entiende que otras élites tienen incentivos similares. De esta manera, el sistema político de un Estado natural manipula el sistema económico

13. *Ibid.*, p. 17.

para producir rentas que luego aseguran el orden político.[14]

North, Wallis, Webb y Weingast resumen su argumento al afirmar:

> El contrafáctico apropiado de la eliminación de rentas no es una economía de mercado competitiva [...] sino una sociedad sumida en el desorden y la violencia.[15]

14. D. C. North, J. J. Wallis, S. B. Webb y B. R. Weingast, «Limited Access Orders: An Introduction to the Conceptual Framework», en *In the Shadow of Violence: Politics, Economics, and the Problem of Development in Limited Access Societies*, Cambridge University Press, Cambridge, 2013, p. 18.
15. *Ibid.*, p. 7.

OBSERVACIONES FINALES

Entre los economistas, existe un amplio consenso (aunque no siempre explícitamente articulado) con respecto a que las políticas públicas, si es posible, deben buscar formas de reducir o eliminar los fallos del mercado y las medidas distorsionadoras. En este ensayo, hemos sostenido que esta conclusión es a menudo incorrecta porque ignora la política. De hecho, el equilibrio político existente en determinado lugar puede depender crucialmente de la presencia del fallo del mercado. Las reformas económicas puestas en práctica sin una comprensión de sus consecuencias políticas pueden, más que promover la eficiencia económica, reducirla significativamente.

Nuestra argumentación está relacionada con la advertencia clásica que Lancaster y Lipsey formularon en su teoría de la segunda opción,[1] pero es diferente de ella

---

1. K. Lancaster y R. G. Lipsey, «The General Theory of Second Best», art. cit.

por dos razones. En primer lugar, lo que se halla en el núcleo de nuestra argumentación no es la interacción de varios fallos del mercado, sino las consecuencias que las reformas económicas actuales tendrán en los equilibrios políticos futuros. En segundo lugar, aunque todavía queda mucho trabajo por hacer para aclarar los vínculos entre las medidas económicas y los equilibrios políticos futuros, nuestro enfoque no se limita a señalar que cualquier reforma económica podría afectar negativamente a esos equilibrios. Más bien, basándonos en consideraciones básicas de economía política, subrayamos que se debe tener especial cuidado con las repercusiones políticas de las reformas económicas que cambian la distribución de los ingresos o las rentas en la sociedad de un modo que beneficia a grupos ya poderosos. En otros términos, las medidas económicas bien intencionadas pueden inclinar aún más la balanza del poder político en favor de los grupos dominantes, dando lugar a significativas consecuencias adversas para los equilibrios políticos futuros.

Por supuesto, no somos los primeros en señalar que la economía política de las medidas económicas es importante, ni que el marco estándar de costes y beneficios económicos es inadecuado para analizar tales medidas, porque deja de lado la política. Desde la década de 1980, una pujante literatura en economía política ha buscado desarrollar modelos efectivos de cómo se eligen realmente las medidas, lo cual implica modelar la política y el proceso de toma de decisiones.[2] Dicho esto, los análisis de economía política existentes o bien no se centran en esta cuestión, o bien hacen hincapié en que, si es políticamente posible, se deben eliminar los fallos del mercado. Avinash Dixit y Allan M. Drazen han sostenido que a la hora de aconsejar sobre medidas económicas (o instituciones) hay que tomarse en serio la restricción consistente en que la elección de medidas se hace como parte de un equilibrio político —lo cual implica que tales consejos deben acomodarse a las restricciones de la compatibilidad entre incentivos políticos—.[3] Sin embargo, hasta donde sabemos, nuestro argumento principal no se ha planteado antes. Insistimos, tal argumento consiste en que las medidas económicas no deben centrarse úni-

2. Para una panorámica general del asunto, véanse: A. M. Drazen, *Political Economy in Macroeconomics*, Princeton University Press, Princeton, 2000; T. Persson y G. Tabellini, *Political Economics: Explaining Economic Policy*, MIT Press, Cambridge (Mass.), 2000; T. Besley, *Principled Agents? The Political Economy of Good Government*, Oxford University Press, Nueva York, 2007; D. Acemoglu y J. A. Robinson, *Economic Origins of Dictatorship and Democracy*, op. cit.

3. A. Dixit, «Economists as Advisers to Politicians and to Society», *Economics and Politics* 9(3), 1997, 225-230; A. M. Drazen, «Conditionality and Ownership in IMF Lending: A Political Economy Approach», *IMF Staff Papers* 49, 2002, 36-67.

camente en eliminar los fallos del mercado y corregir las distorsiones, sino que han de tener en cuenta las consecuencias para los futuros equilibrios políticos, en particular cuando tales medidas afectan a la distribución de los ingresos y las rentas en la sociedad de una manera que fortalece aún más a los grupos ya dominantes. Por lo tanto, para el análisis de las medidas se requiere un marco distinto, basado explícitamente en la economía política. Gran parte de los fundamentos conceptuales, teóricos y empíricos de dicho marco siguen siendo áreas aún por trabajar.

Deseamos dar las gracias, por sus comentarios, a David Autor, Chang-Tai Hsieh, Simon Johnson, John List, Suresh Naidu y Timothy Taylor.

BIBLIOGRAFÍA

ACEMOGLU, Daron, Simon JOHNSON, Pablo QUERUBÍN y James A. ROBINSON, «When Does Policy Reform Work? The Case of Central Bank Independence», *Brookings Papers on Economic Activity*, 39(1), 2008, 351-417.

ACEMOGLU, Daron, Simon JOHNSON y James A. ROBINSON, «The Rise of Europe: Atlantic Trade, Institutional Change, and Economic Growth», *American Economic Review*, 95(3), 2005, 546-579.

ACEMOGLU, Daron y James A. ROBINSON, «Why Did the West Extend the Franchise? Democracy, Inequality, and Growth in Historical Perspective», *Quarterly Journal of Economics*, 115(4), 2000, 1167-1199.

—*Economic Origins of Dictatorship and Democracy*, Cambridge University Press, Nueva York, 2006.

—*Why Nations Fail: The Origins of Power, Prosperity, and Poverty*, Crown, Nueva York, 2012.

AGHION, Philippe y Olivier J. BLANCHARD, «On the Speed of Transition in Central Europe», en Stanley Fischer y Julio J. Rotemberg, *NBER Macroeconomics Annual*, vol. 9, 283-330, MIT Press, 1994.

AIDT, Toke S. y Peter S. JENSEN, «Workers of the World Unite! Franchise Extensions and the Threat of Revolution in Europe, 1820-1938», 14 de marzo de 2012, http://www.econ. cam.ac.uk/ faculty/aidt/ papers/web/ workers/ workers.pdf.

ALEXEEV, Michael, «Privatization and the Distribution of Wealth in Russia», *Economics of Transition,* 7(2), 1999, 449-465.

ÅSLUND, Anders, *How Capitalism was Built: The Transformation of Central and Eastern Europe, Russia and Central Asia,* Cambridge University Press, Nueva York, 2007.

BANERJEE, Abhijit V., «Poor Economics: Effective Poverty Reduction Policies», Kapuscinsky Development Lecture, 2012, http://kapuscinskilectures.eu/lectures/poor -economics/.

BANERJEE, Abhijit V. y Esther DUFLO, *Poor Economics: A Radical Rethinking of the Way to Fight Global Poverty,* Public Affairs Press, Nueva York, 2011.

BATES, Robert H., *Markets and States in Tropical Africa,* University of California Press, Berkeley, 1981.

BESLEY, Timothy, *Principled Agents? The Political Economy of Good Government,* Oxford University Press, Nueva York, 2007.

BLACK, Bernard, Reinier KRAAKMAN y Anna TARASSOVA, *Russian Privatization and Corporate Governance: What Went Wrong?, Stanford Law Review,* 52(6), 2000, 1731-1808.

BLAINEY, Geoffrey, *A History of Victoria*, Cambridge University Press, Cambridge, 2006.

BORENSTEIN, Severin, «The Trouble with Electricity Markets: Understanding California's Restructuring Disaster», *Journal of Economic Perspectives*, 16(1), 2002, 191-211.

BOYCKO, Maxim, Andrei SHLEIFER y Robert W. VISHNY, *Privatizing Russia*, MIT Press, Cambridge (Mass.), 1995.

CARTWRIGHT, John R., *Politics in Sierra Leone 1947-67*, University of Toronto Press, Toronto, 1970.

COLLIER, Ruth Berins y James MAHONEY, «Adding Collective Actors to Collective Outcomes: Labor and Recent Democratization in South America and Southern Europe», *Comparative Politics* 29(3), 1997, 285-303.

DAVIES, Victor A. B., «Sierra Leone's Economic Growth Performance, 1961-2000», en Benno J. Ndulu *et al.* (eds.), *The Political Economy of Growth in Africa, 1960-2000*, vol. 2, Cambridge University Press, Cambridge, 2007.

DEWATRIPONT, Mathias y Gérard ROLAND, «Economic Reform and Dynamic Political Constraints», *Review of Economic Studies*, 59(4), 1992, 703-730.

DINARDO, John, Kevin HALLOCK y Jörn-Steffen PISCHKE, «Unions and Managerial Pay», *NBER Working Paper 6318*, 1997.

— «Unions and the Labor Market for Managers», *Institute for the Study of Labor (IZA) Discussion Paper 150*, 2000.

DIXIT, Avinash, «Economists as Advisers to Politicians and to Society», *Economics and Politics* 9(3), 1997, 225-230.

DRAZEN, Allan M., *Political Economy in Macroeconomics*, Princeton University Press, Princeton, 2000.

— «Conditionality and Ownership in IMF Lending: A Political Economy Approach», *IMF Staff Papers* 49, 2002, 36-67.

ELEY, Geoff, *Forging Democracy: The History of the Left in Europe, 1850-2000*, Oxford University Press, Nueva York, 2002.

FARBER, Henry S. y Bruce WESTERN, «Ronald Reagan and the Politics of Declining Union Organization», *British Journal of Industrial Relations,* 40(3), 2002, 385-402.

FREELAND, Chrystia, *Sale of the Century: Russia's Wild Rise from Communism to Capitalism,* Crown, Nueva York, 2000.

GOLDMAN, Marshall I., *The Privatization of Russia: Russian Reform Goes Awry*, Routledge, Nueva York, 2003.

GURIEV, Sergei M. y Konstantin SONIN, «Dictators and Oligarchs: A Dynamic Theory of Contested Property Rights», *Journal of Public Economics,* 93(1-2), 2008, 1-13.

HERBST, Jeffrey I., «The Structural Adjustment of Politics in Africa», *World Development,* 18(7), 1990, 949-958.

HIRST, John B., *Australia's Democracy: A Short History*, Allen & Unwin, Sídney, 2002.

—*Making Votes Secret: Victoria's Introduction of a New Method of Voting that has Spread around the World*, Victorian Electoral Commission, Melbourne, 2006.

—*Freedom on the Fatal Shore: Australia's First Colony*, Black Inc., Melbourne, 2008.

HOFFMAN, David E., *The Oligarchs: Wealth and Power in the New Russia*, Public Affairs, Nueva York, 2002.

JAYARATNE, Jith y Philip E. STRATHAN, «The Finance–Growth Nexus: Evidence from Bank Branch Deregulation», *Quarterly Journal of Economics*, 111(3), 1996, 639-670.

JHA, Suamitra, «Financial Innovation and Political Development: Evidence from Revolutionary England», *Stanford University Graduate School of Business Research Paper No. 2005*, 2010.

JOHNSON, Simon y James KWAK, *13 Bankers: The Wall Street Takeover and the Next Financial Meltdown*, Pantheon, Nueva York, 2010.

KECK, Margaret E., *The Workers' Party and Democratization in Brazil*, Yale University Press, New Haven, 1992.

KILLICK, Tony, *Development Economics in Action*, Heinemann Educational Books, Londres, 1978.

LAAN, H. L. van der, *The Sierra Leone Diamonds: An Economic Study Covering the Years 1952-61*, Oxford University Press, Oxford, 1965.

LANCASTER, Kelvin y Richard G. LIPSEY, «The General

Theory of Second Best», *Review of Economic Studies*, 24(1), 1956, 11-32.

MOORE, Barrington, Jr., *The Social Origins of Dictatorship and Democracy: Lord and Peasant in the Making of the Modern World*, Beacon Press, Boston (Mass.), 1966.

MULLIGAN, Casey B. y Kevin K. TSUI, «Political Competitiveness», *NBER Working Paper 12 653*, 2006.

—«Political Entry, Public Policies, and the Economy», *NBER Working Paper 13 830*, 2008.

NORTH, Douglass C., John Joseph WALLIS, Steven B. WEBB y Barry R. WEINGAST, «Limited Access Orders: An Introduction to the Conceptual Framework», en *In the Shadow of Violence: Politics, Economics, and the Problem of Development in Limited Access Societies*, Cambridge University Press, Cambridge, 2013.

NORTH, Douglass C., John Joseph WALLIS y Barry R. WEINGAST, *Violence and Social Orders: A Conceptual Framework for Interpreting Recorded Human History*, Cambridge University Press, Cambridge, 2009.

PERSSON, Torsten y Guido TABELLINI, *Political Economics: Explaining Economic Policy*, MIT Press, Cambridge (Mass.), 2000.

PIGOU, Arthur C., *Wealth and Welfare*, Macmillan, Londres, 1912.

RENO, William, *Corruption and State Politics in Sierra Leone*, Cambridge University Press, Cambridge, 1995.

— *Warlords Politics and African States*, Lynne Rienner, Boulder, 1998.

— «Political Networks in a Failing State: The Roots and Future of Violent Conflict in Sierra Leone», *Internationale Politik und Gesellschaft*, n.º 2, 2003, pp. 44-66.

RICHARDS, Paul, *Fighting for the Rainforest: War, Youth and Resources in Sierra Leone*, James Currey, Oxford, 1996.

RODRIK, Dani, *One Economics, Many Recipes: Globalization, Institutions, and Economic Growth*, Princeton University Press, Princeton, 2007.

ROSS, Michael L., «A Closer Look at Oil, Diamonds, and Civil War», *Annual Review of Political Science*, vol. 9, 2006, 265-300.

ROTHSTEIN, Bo, «Labor-Market Institutions and Working-Class Strength», en Sven Steinmo, Kathleen Thelen y Frank Longstreth (eds.), *Structuring Politics: Historical Institutionalism in Comparative Analysis*, Cambridge University Press, Cambridge, 1992.

RUESCHEMEYER, Dietrich, Evelyn Huber STEPHENS y John D. STEPHENS, *Capitalist Development and Democracy*, Cambridge University Press, Cambridge, 1992.

SACHS, Jeffrey D., *End of Poverty: Economic Possibilities for Our Time*, Penguin Press, Nueva York, 2005.

SACHS, Jeffrey D., John W. MCARTHUR, Guido SCHMIDT-TRAUB, Margaret KRUK, Chandrika BAHADUR, Michael FAYE y Gordon MCCORD, «Ending Africa's Poverty Trap»,

Brookings Papers on Economic Activity, 35(1), 2004, 117-240.

SAMUELSON, Paul A., *Foundations of Economic Analysis*, Harvard University Press, Cambridge, 1947.

SCHMITT, John y Alexandra MITUKIEWICZ, «Politics Matter: Changes in Unionisation Rates in Rich Countries, 1960-2010», *Industrial Relations Journal*, 43(3), 2012, 260-280.

SHLEIFER, Andrei y Daniel TREISMAN, *Without a Map: Political Tactics and Economic Reform in Russia*, MIT Press, Cambridge, 2000.

— «A Normal Country», *Foreign Affairs* 83(2), 2004, 20-38.

SONIN, Konstantin, «Why the Rich May Favor Poor Protection of Property Rights», *Journal of Comparative Economics*, 31(4), 2003, 715-731.

STIGLITZ, Joseph E., *Globalization and Its Discontents*, Norton & Co., Nueva York, 2002.

TOWNSEND, Robert M., *Financial Systems in Developing Economies: Growth, Inequality and Policy Evaluation in Thailand*, Oxford University Press, Oxford, 2011.

TREISMAN, Daniel, *The Return: Russia's Journey from Gorbachev to Medvedev*, The Free Press, Nueva York, 2011.

WALLE, Nicolas van de, *African Economies and the Politics of Permanent Crisis, 1979-1999*, Cambridge University Press, Cambridge, 2001.

WESTERN, Bruce, *Between Class and Market: Postwar Unio-*

nization in the Capitalist Democracies, Princeton University Press, Princeton, 1999.

WESTERN, Bruce y Jake ROSENFELD, «Unions, Norms, and the Rise in U.S. Wage Inequality», *American Sociological Review*, 76(4), 2011, 513-537.

WITTMAN, Donald, «Why Democracies are Efficient», *Journal of Political Economy*, 97(6), 1989, 1395-1424.

—*The Myth of Democratic Failure: Why Political Institutions Are Efficient*, University of Chicago Press, Chicago, 1995.

ESTA PRIMERA EDICIÓN
DE «ECONOMÍA VERSUS POLÍTICA»,
DE DARON ACEMOGLU Y JAMES A. ROBINSON,
SE TERMINÓ DE IMPRIMIR
EN BARCELONA
EN EL MES DE MARZO DE 2025

TÍTULOS PUBLICADOS